台湾问题与新时代中国统一事业

(2022 年 8 月)

中华人民共和国 国务院台湾事务办公室
国务院新闻办公室

人民出版社

目　录

前　言 ………………………………………………………（1）

一、台湾是中国的一部分不容置疑也不容改变 ……（3）

二、中国共产党坚定不移推进祖国完全统一 ………（9）

三、祖国完全统一进程不可阻挡 ……………………（15）

　　（一）实现祖国完全统一是中华民族伟大复兴的

　　　　　必然要求 ………………………………………（15）

　　（二）国家发展进步引领两岸关系发展方向 ………（17）

　　（三）"台独"分裂势力抗拒统一不会得逞 ………（18）

　　（四）外部势力阻碍中国完全统一必遭失败 ………（20）

四、在新时代新征程上推进祖国统一 ………………（23）

　　（一）坚持"和平统一、一国两制"基本方针 …………（23）

　　（二）努力推动两岸关系和平发展、融合发展 ………（26）

(三)坚决粉碎"台独"分裂和外来干涉图谋 ……… (27)
　　(四)团结台湾同胞共谋民族复兴和国家统一 …… (28)

五、实现祖国和平统一的光明前景 ………………… (30)
　　(一)台湾发展空间将更为广阔 ………………… (30)
　　(二)台湾同胞切身利益将得到充分保障 ………… (31)
　　(三)两岸同胞共享民族复兴的伟大荣光 ………… (31)
　　(四)有利于亚太地区及全世界和平与发展 ……… (32)

结束语 ……………………………………………………… (33)

前　言

解决台湾问题、实现祖国完全统一，是全体中华儿女的共同愿望，是实现中华民族伟大复兴的必然要求，是中国共产党矢志不渝的历史任务。中国共产党、中国政府和中国人民为此进行了长期不懈的努力。

中共十八大以来，中国特色社会主义进入新时代。在以习近平同志为核心的中共中央坚强领导下，中国共产党和中国政府积极推进对台工作理论和实践创新，牢牢把握两岸关系主导权和主动权，有力维护台海和平稳定，扎实推进祖国统一进程。但一个时期以来，台湾民进党当局加紧进行"台独"分裂活动，一些外部势力极力搞"以台制华"，企图阻挡中国实现完全统一和中华民族迈向伟大复兴。

中国共产党团结带领全国各族人民长期奋斗，如期全面建成小康社会、实现第一个百年奋斗目标，开启全面建设社会主义现代化国家、向第二个百年奋斗目标进军新征程。中华民族迎来了从站起来、富起来到强起来的伟大飞跃，实现中华民族伟大复兴进入了不可逆转的历史进程。这是中国统一大业新的历史方位。

中国政府于1993年8月、2000年2月分别发表了《台湾问题与中国的统一》、《一个中国的原则与台湾问题》白皮书,全面系统阐述了解决台湾问题的基本方针和有关政策。为进一步重申台湾是中国的一部分的事实和现状,展现中国共产党和中国人民追求祖国统一的坚定意志和坚强决心,阐述中国共产党和中国政府在新时代推进实现祖国统一的立场和政策,特发布本白皮书。

一、台湾是中国的一部分
　　不容置疑也不容改变

台湾自古属于中国的历史经纬清晰、法理事实清楚。不断有新的考古发现和研究证明海峡两岸深厚的历史和文化联系。大量的史书和文献记载了中国人民早期开发台湾的情景。公元230年,三国时期吴人沈莹所著《临海水土志》留下了关于台湾最早的记述。隋朝政府曾三次派兵到时称"流求"的台湾。宋元以后,中国历代中央政府开始在澎湖、台湾设治,实施行政管辖。1624年,荷兰殖民者侵占台湾南部。1662年,民族英雄郑成功驱逐荷兰殖民者收复台湾。清朝政府逐步在台湾扩增行政机构,1684年设立台湾府,隶属福建省管辖;1885年改设台湾为行省,是当时中国第20个行省。

1894年7月,日本发动侵略中国的甲午战争,次年4月迫使战败的清朝政府割让台湾及澎湖列岛。抗日战争时期,中国共产党人明确提出收复台湾的主张。1937年5月

15日,毛泽东同志会见美国记者尼姆·韦尔斯时表示:"中国的抗战是要求得最后的胜利,这个胜利的范围,不限于山海关,不限于东北,还要包括台湾的解放。"

1941年12月9日,中国政府发布对日宣战布告,宣告"所有一切条约、协定、合同,有涉及中日间之关系者,一律废止",并宣布将收回台湾、澎湖列岛。1943年12月1日,中美英三国政府发表《开罗宣言》宣布,三国之宗旨在使日本所窃取于中国之领土,例如东北、台湾、澎湖列岛等,归还中国。1945年7月26日,中美英三国共同签署、后来苏联参加的《波茨坦公告》,重申"开罗宣言之条件必将实施"。同年9月,日本签署《日本投降条款》,承诺"忠诚履行波茨坦公告各项规定之义务"。10月25日,中国政府宣告"恢复对台湾行使主权",并在台北举行"中国战区台湾省受降仪式"。由此,通过一系列具有国际法律效力的文件,中国从法律和事实上收复了台湾。

1949年10月1日,中华人民共和国中央人民政府宣告成立,取代中华民国政府成为代表全中国的唯一合法政府。这是在中国这一国际法主体没有发生变化情况下的政权更替,中国的主权和固有领土疆域没有改变,中华人民共和国政府理所当然地完全享有和行使中国的主权,其中包括对台湾的主权。由于中国内战延续和外部势力干涉,海峡两岸陷入长期政治对立的特殊状态,但中国的主权和领土从未分割也决不允许分割,台湾是中国领土的一部分的地位从未改变也决不允许改变。

1971年10月,第26届联合国大会通过第2758号决议,决定:"恢复中华人民共和国的一切权利,承认她的政府的代表为中国在联合国组织的唯一合法代表并立即把蒋介石的代表从它在联合国组织及其所属一切机构中所非法占据的席位上驱逐出去。"这一决议不仅从政治上、法律上和程序上彻底解决了包括台湾在内全中国在联合国的代表权问题,而且明确了中国在联合国的席位只有一个,不存在"两个中国"、"一中一台"的问题。随后,联合国相关专门机构以正式决议等方式,恢复中华人民共和国享有的合法席位,驱逐台湾当局的"代表",如1972年5月第25届世界卫生大会通过第25.1号决议。联合国秘书处法律事务办公室官方法律意见明确指出,"台湾作为中国的一个省没有独立地位","台湾当局不享有任何形式的政府地位"。实践中,联合国对台湾使用的称谓是"台湾,中国的省(Taiwan,Province of China)"[①]。

---

① 详见《联合国司法年鉴2010》(United Nations Juridical Yearbook 2010)第516页。

联大第 2758 号决议是体现一个中国原则的政治文件,国际实践充分证实其法律效力,不容曲解。台湾没有任何根据、理由或权利参加联合国及其他只有主权国家才能参加的国际组织。近年来,以美国为首的个别国家一些势力与"台独"分裂势力沆瀣一气,妄称该决议没有处理"台湾的代表权问题",炒作非法无效的"旧金山和约"①,无视《开罗宣言》《波茨坦公告》在内的一系列国际法律文件,再度鼓吹"台湾地位未定",宣称支持台湾"有意义地参与联合国体系",其实质是企图改变台湾是中国的一部分的地位,制造"两个中国"、"一中一台",实现其"以台制华"的政治目的。这些行径歪曲联大第 2758 号决议,违反国际法,严重背弃有关国家对中国作出的政治承诺,侵犯中国的主权和尊严,践踏国际关系基本准则。对此,中国政府已经表明了反对和谴责的严正立场。

一个中国原则是国际社会的普遍共识,是遵守国际关

---

① 1951 年 9 月 4 日至 8 日,美国纠集一些国家,在排斥中华人民共和国、苏联的情况下,在美国旧金山召开所谓"对日和会",签署包含"日本放弃对台湾、澎湖列岛之所有权利和请求权"等内容的"旧金山和约"。该"和约"违反 1942 年中美英苏等 26 国签署的《联合国家宣言》规定,违反《联合国宪章》和国际法基本原则,对台湾主权归属等任何涉及中国作为非缔约国的领土和主权权利的处置也都是非法、无效的。中国政府从一开始就郑重声明,"旧金山和约"由于没有中华人民共和国参加准备、拟制和签订,中国政府认为是非法无效的,绝不承认。苏联、波兰、捷克斯洛伐克、朝鲜、蒙古、越南等国家也拒绝承认"和约"效力。

系基本准则的应有之义。目前,全世界有包括美国在内的181个国家,在一个中国原则的基础上与中国建立了外交关系。1978年12月发表的《中美建交公报》声明:"美利坚合众国政府承认中国的立场,即只有一个中国,台湾是中国的一部分";"美利坚合众国承认中华人民共和国政府是中国的唯一合法政府。在此范围内,美国人民将同台湾人民保持文化、商务和其他非官方关系"。

1982年12月,中华人民共和国第五届全国人民代表大会第五次会议通过《中华人民共和国宪法》,规定:"台湾是中华人民共和国的神圣领土的一部分。完成统一祖国的大业是包括台湾同胞在内的全中国人民的神圣职责。"2005年3月,第十届全国人民代表大会第三次会议通过《反分裂国家法》,规定:"世界上只有一个中国,大陆和台湾同属一个中国,中国的主权和领土完整不容分割。维护国家主权和领土完整是包括台湾同胞在内的全中国人民的共同义务。""台湾是中国的一部分。国家绝不允许'台独'分裂势力以任何名义、任何方式把台湾从中国分裂出去。"2015年7月,第十二届全国人民代表大会常务委员会第十五次会议通过《中华人民共和国国家安全法》,规定:"中国的主权和领土完整不容侵犯和分割。维护国家主权、统一和领土完整是包括港澳同胞和台湾同胞在内的全中国人民的共同义务。"

  世界上只有一个中国,台湾是中国的一部分的历史事实和法理事实不容置疑,台湾从来不是一个国家而是中国的一部分的地位不容改变。任何歪曲事实、否定和挑战一个中国原则的行径都将以失败告终。

二、中国共产党坚定不移推进祖国完全统一

中国共产党始终致力于为中国人民谋幸福、为中华民族谋复兴。在成立初期，中国共产党就把争取台湾摆脱殖民统治回归祖国大家庭、实现包括台湾同胞在内的民族解放作为奋斗目标，付出了巨大努力。

中国共产党始终把解决台湾问题、实现祖国完全统一作为矢志不渝的历史任务，团结带领两岸同胞，推动台海形势从紧张对峙走向缓和改善、进而走上和平发展道路，两岸关系不断取得突破性进展。

新中国成立以后，以毛泽东同志为主要代表的中国共产党人，提出和平解决台湾问题的重要思想、基本原则和政策主张；进行了解放台湾的准备和斗争，粉碎了台湾当局"反攻大陆"的图谋，挫败了各种制造"两个中国"、"一中一台"的图谋；促成联合国恢复了中华人民共和国的合法席位和一切权利，争取了世界上绝大多数国家接受一个中国

原则,为实现和平统一创造了重要条件。中共中央还通过适当渠道与台湾当局高层人士接触,为寻求和平解决台湾问题而积极努力。

中共十一届三中全会以后,以邓小平同志为主要代表的中国共产党人,从国家和民族的根本利益出发,在实现中美建交的时代条件下,在争取和平解决台湾问题思想的基础上,确立了争取祖国和平统一的大政方针,创造性地提出了"一个国家,两种制度"的科学构想,并首先运用于解决香港问题、澳门问题;主动缓和两岸军事对峙状态,推动打破两岸长期隔绝状态,开启两岸民间交流合作的大门,使两岸关系进入新的历史阶段。

中共十三届四中全会以后,以江泽民同志为主要代表的中国共产党人,提出发展两岸关系、推进祖国和平统一进程的八项主张①;推动两岸双方达成体现一个中国原则的"九二共识",开启两岸协商谈判,实现两岸授权团体负责人首次会谈,持续扩大两岸各领域交流合作;坚决开展反对

---

① 1995年1月30日,时任中共中央总书记、国家主席江泽民发表题为《为促进祖国统一大业的完成而继续奋斗》的讲话,提出发展两岸关系、推进祖国和平统一进程的八项主张,强调"坚持一个中国的原则,是实现和平统一的基础和前提"、"我们不承诺放弃使用武力,决不是针对台湾同胞,而是针对外国势力干涉中国统一和搞'台湾独立'的图谋的"等。详见《江泽民文选》第一卷,人民出版社2006年8月第1版,第418至423页。

李登辉分裂祖国活动的斗争,沉重打击"台独"分裂势力;实现香港、澳门顺利回归祖国,实行"一国两制",对解决台湾问题产生积极影响。

中共十六大以后,以胡锦涛同志为主要代表的中国共产党人,提出两岸关系和平发展重要思想;针对岛内"台独"分裂活动猖獗制定实施《反分裂国家法》,举行中国共产党和中国国民党两党主要领导人60年来首次会谈,坚决挫败陈水扁"法理台独"图谋;开辟两岸关系和平发展新局面,推动两岸制度化协商谈判取得丰硕成果,实现两岸全面直接双向"三通",签署实施《海峡两岸经济合作框架协议》,两岸关系面貌发生深刻变化。

中共十八大以来,以习近平同志为主要代表的中国共产党人,全面把握两岸关系时代变化,丰富和发展国家统一理论和对台方针政策,推动两岸关系朝着正确方向发展,形成新时代中国共产党解决台湾问题的总体方略,提供了新时代做好对台工作的根本遵循和行动纲领。2017年10月,中共十九大确立了坚持"一国两制"和推进祖国统一的基本方略,强调:"绝不允许任何人、任何组织、任何政党、在任何时候、以任何形式、把任何一块中国领土从中国分裂出去!"2019年1月,习近平总书记在《告台湾同胞书》发表40

周年纪念会上发表重要讲话,郑重提出了新时代推动两岸关系和平发展、推进祖国和平统一进程的重大政策主张:携手推动民族复兴,实现和平统一目标;探索"两制"台湾方案,丰富和平统一实践;坚持一个中国原则,维护和平统一前景;深化两岸融合发展,夯实和平统一基础;实现同胞心灵契合,增进和平统一认同。中国共产党和中国政府采取一系列引领两岸关系发展、促进祖国和平统一的重大举措:

——推动实现1949年以来两岸领导人首次会晤、直接对话沟通,将两岸交流互动提升到新高度,为两岸关系发展翻开了新篇章、开辟了新空间,成为两岸关系发展道路上一座新的里程碑。双方两岸事务主管部门在共同政治基础上建立常态化联系沟通机制,两部门负责人实现互访、开通热线。

——坚持一个中国原则和"九二共识",推进两岸政党党际交流,与台湾有关政党、团体和人士就两岸关系与民族未来开展对话协商,深入交换意见,达成多项共识并发表共同倡议,与台湾社会各界共同努力探索"两制"台湾方案。

——践行"两岸一家亲"理念,以两岸同胞福祉为依归,推动两岸关系和平发展、融合发展,完善促进两岸交流合作、保障台湾同胞福祉的制度安排和政策措施,实行卡式台胞证,实现福建向金门供水,制发台湾居民居住证,逐步为台湾同胞在大陆学习、创业、就业、生活提供同等待遇,持续率先同台湾同胞分享大陆发展机遇。

——团结广大台湾同胞,排除"台独"分裂势力干扰阻挠,推动两岸各领域交流合作和人员往来走深走实。克服新冠肺炎疫情影响,坚持举办海峡论坛等一系列两岸交流活动,保持了两岸同胞交流合作的发展态势。

——坚定捍卫国家主权和领土完整,坚决反对"台独"分裂和外部势力干涉,有力维护台海和平稳定和中华民族根本利益。依法打击"台独"顽固分子,有力震慑"台独"分裂势力。妥善处理台湾对外交往问题,巩固发展国际社会坚持一个中国原则的格局。

在中国共产党的引领推动下,70多年来特别是两岸隔绝状态打破以来,两岸关系获得长足发展。两岸交流合作日益广泛,互动往来日益密切,给两岸同胞特别是台湾同胞带来实实在在的好处,充分说明两岸和则两利、合则双赢。1978年两岸贸易额仅有4600万美元,2021年增长至3283.4亿美元,增长了7000多倍;大陆连续21年成为台湾最大出口市场,每年为台湾带来大量顺差;大陆是台商岛外投资的第一大目的地,截至2021年底,台商投资大陆项目共计123781个、实际投资额713.4亿美元①。1987年两岸人员往来不足5万人次,2019年约900万人次。近3年来受疫情影响,线上交流成为两岸同胞沟通互动的主要形式,参与及可及人数屡创新高。

中国共产党始终是中国人民和中华民族的主心骨,是民族复兴、国家统一的坚强领导核心。中国共产党为解决台湾问题、实现祖国完全统一不懈奋斗的历程充分表明:必须坚持一个中国原则,绝不允许任何人任何势力把台湾从祖国分裂出去;必须坚持为包括台湾同胞在内的全体中国人民谋幸福,始终致力于实现两岸同胞对美好生活的向往;必须坚持解放思想、实事求是、守正创新,把握民族根本利益和国家核心利益,制定实施对台方针政策;必须坚持敢于斗争、善于斗争,同一切损害中国主权和领土完整、企图阻挡祖国统一的势力进行坚决斗争;必须坚持大团结大联合,广泛调动一切有利于反"独"促统的积极因素,共同推进祖国统一进程。

---

① 这里不含经第三地的转投资。

三、祖国完全统一进程不可阻挡

当前,在国内国际两个大局都发生深刻复杂变化的时代背景下,推进祖国完全统一面临着新的形势。中国共产党和中国政府有驾驭复杂局面、战胜风险挑战的综合实力和必胜信心,完全有能力推动祖国统一大业阔步前进。

(一)实现祖国完全统一是中华民族伟大复兴的必然要求

在中华民族五千多年的发展进程中,追求统一、反对分裂始终是全民族的主流价值观,这一价值观早已深深融入整个中华民族的精神血脉。近代以后,由于西方列强入侵和封建统治腐败,中国逐步成为半殖民地半封建社会,国家蒙辱、人民蒙难、文明蒙尘,中华民族遭受了前所未有的劫难。台湾被日本霸占半个世纪的历史,是中华民族近代屈辱的缩影,给两岸同胞留下了刻心之痛。一水之隔、咫尺天涯,两岸迄今尚未完全统一是历史遗留给中华民族的创伤。两岸同胞应该共同努力,谋求国家统一,抚平历史创伤。

实现中华民族伟大复兴,是近代以来中国人民和中华民族最伟大的梦想。实现祖国完全统一,才能使两岸同胞彻底摆脱内战的阴霾,共创共享台海永久和平;才能避免台湾再次被外国侵占的危险,打掉外部势力遏制中国的图谋,维护国家主权、安全、发展利益;才能清除"台独"分裂的隐患,稳固台湾作为中国的一部分的地位,推进中华民族伟大复兴;才能更好地凝聚两岸同胞力量建设共同家园,增进两岸同胞利益福祉,创造中国人民和中华民族更加幸福美好的未来。正如中国伟大的革命先行者孙中山先生所言:"'统一'是中国全体国民的希望。能够统一,全国人民便享福;不能统一,便要受害。"

中华民族在探寻民族复兴强盛之道的过程中饱经苦难沧桑。"统则强、分必乱",这是一条历史规律。实现祖国完全统一,是中华民族的历史和文化所决定的,也是中华民族伟大复兴的时和势所决定的。我们比历史上任何时期都更接近、更有信心和能力实现中华民族伟大复兴的目标,也更接近、更有信心和能力实现祖国完全统一的目标。台湾问题因民族弱乱而产生,必将随着民族复兴而解决。全体中华儿女团结奋斗,就一定能在同心实现中华民族伟大复兴进程中完成祖国统一大业。

(二)国家发展进步引领两岸关系发展方向

决定两岸关系走向、实现祖国完全统一的关键因素是国家的发展进步。国家发展进步特别是40多年来改革开放和现代化建设所取得的伟大成就,深刻影响着解决台湾问题、实现祖国完全统一的历史进程。无论何党何派在台湾掌权,都无法改变两岸关系向前发展的总体趋势和祖国统一的历史大势。

根据国际货币基金组织的统计[①],1980年,大陆生产总值约3030亿美元,台湾生产总值约423亿美元,大陆是台湾的7.2倍;2021年,大陆生产总值约174580亿美元,台湾生产总值约7895亿美元,大陆是台湾的22.1倍。国家发展进步特别是经济实力、科技实力、国防实力持续增强,不仅有效遏制了"台独"分裂活动和外部势力干涉,更为两岸交流合作提供了广阔空间、带来了巨大机遇。越来越多的台湾同胞特别是台湾青年来大陆学习、创业、就业、生活,促进了两岸社会各界交往交流交融,加深了两岸同胞利益和

---

① 根据2022年4月国际货币基金组织"世界经济展望数据库"的统计。

情感联系，增进了两岸同胞文化、民族和国家认同，有力牵引着两岸关系沿着统一的正确方向不断前行。

中国共产党团结带领中国人民已经踏上了全面建设社会主义现代化国家的新征程。大陆坚持中国特色社会主义道路，治理效能提升，经济长期向好，物质基础雄厚，人力资源丰厚，市场空间广阔，发展韧性强大，社会大局稳定，继续发展具有多方面优势和条件，并持续转化为推进统一的动力。立足新发展阶段，贯彻新发展理念，构建新发展格局，推动高质量发展，将使大陆综合实力和国际影响力持续提升，大陆对台湾社会的影响力、吸引力不断扩大，我们解决台湾问题的基础更雄厚、能力更强大，必将有力推动祖国统一进程。

（三）"台独"分裂势力抗拒统一不会得逞

台湾自古是中国的神圣领土。所谓"台湾独立"，是企图把台湾从中国分割出去，是分裂国家的严重罪行，损害两岸同胞共同利益和中华民族根本利益，是走不通的绝路。

民进党当局坚持"台独"分裂立场，勾连外部势力不断进行谋"独"挑衅。他们拒不接受一个中国原则，歪曲否定

"九二共识",妄称"中华民国与中华人民共和国互不隶属",公然抛出"新两国论";在岛内推行"去中国化"、"渐进台独",纵容"急独"势力鼓噪推动"修宪修法",欺骗台湾民众,煽动仇视大陆,阻挠破坏两岸交流合作和融合发展,加紧"以武谋独"、"以武拒统";勾结外部势力,在国际上竭力制造"两个中国"、"一中一台"。民进党当局的谋"独"行径导致两岸关系紧张,危害台海和平稳定,破坏和平统一前景、挤压和平统一空间,是争取和平统一进程中必须清除的障碍。

台湾是包括2300万台湾同胞在内的全体中国人民的台湾,中国人民捍卫国家主权和领土完整、维护中华民族根本利益的决心不可动摇、意志坚如磐石,这是挫败一切"台独"分裂图谋的根本力量。100多年前中国积贫积弱,台湾被外国侵占。70多年前中国打败侵略者,收复了台湾。现在的中国,跃升为世界第二大经济体,政治、经济、文化、科技、军事等实力大幅增强,更不可能再让台湾从中国分裂出去。搞"台独"分裂抗拒统一,根本过不了中华民族的历史和文化这一关,也根本过不了14亿多中国人民的决心和意志这一关,是绝对不可能得逞的。

（四）外部势力阻碍中国完全统一必遭失败

外部势力干涉是推进中国统一进程的突出障碍。美国一些势力出于霸权心态和冷战思维，将中国视为最主要战略对手和最严峻的长期挑战，竭力进行围堵打压，变本加厉推行"以台制华"。美国声称"奉行一个中国政策，不支持'台独'"，但美国一些势力在实际行动上却背道而驰。他们虚化、掏空一个中国原则，加强与台湾地区官方往来，不断策动对台军售，加深美台军事勾连，助台拓展所谓"国际空间"，拉拢其他国家插手台湾问题，不时炮制损害中国主权的涉台议案。他们颠倒黑白、混淆是非，一方面怂恿"台独"分裂势力制造两岸关系紧张动荡，另一方面却无端指责大陆"施压"、"胁迫"、"单方面改变现状"，为"台独"分裂势力撑腰打气，给中国实现和平统一制造障碍。

《联合国宪章》规定的尊重国家主权和领土完整、不干涉别国内政等重要原则，是现代国际法和国际关系的基石。维护国家统一和领土完整，是每个主权国家的神圣权利，中国政府理所当然可以采取一切必要手段解决台湾问题、实现国家统一，不容外部势力干涉。美国的一些反华势力以所谓"自由、民主、人权"和"维护以规则为基础的国际秩序"为幌子,刻意歪曲台湾问题纯属中国内政的性质,企图否定中国政府维护国家主权和领土完整的正当性与合理性。这充分暴露了他们搞"以台制华"、阻挠中国统一的政治图谋,必须予以彻底揭露和严正谴责。

外部势力打"台湾牌",是把台湾当作遏制中国发展进步、阻挠中华民族伟大复兴的棋子,牺牲的是台湾同胞的利益福祉和光明前途,绝不是为了台湾同胞好。他们纵容鼓动"台独"分裂势力滋事挑衅,加剧两岸对抗和台海形势紧张,破坏亚太地区和平稳定,既违逆求和平、促发展、谋共赢的时代潮流,也违背国际社会期待和世界人民意愿。新中国成立之初,在百废待兴、百业待举的情况下,中国共产党和中国政府紧紧依靠人民,以"钢少气多"力克"钢多气少",赢得抗美援朝战争伟大胜利,捍卫了新中国安全,彰显了新中国大国地位,展现了我们不畏强暴、反抗强权的铮铮铁骨。中国坚定不移走和平发展道路,同时决不会在任何外来干涉的压力面前退缩,决不会容忍国家主权、安全、发展利益受到任何损害。"挟洋谋独"没有出路,"以台制华"注定失败。

要安宁、要发展、要过好日子,是台湾同胞的普遍心声,创造美好生活是两岸同胞的共同追求。在中国共产党的坚强领导下,中国人民和中华民族迎来从站起来、富起来到强起来的伟大飞跃,一穷二白、人口众多的祖国大陆全面建成小康社会,我们更有条件、更有信心、更有能力完成祖国统一大业,让两岸同胞都过上更好的日子。祖国统一的历史车轮滚滚向前,任何人任何势力都无法阻挡。

四、在新时代新征程上推进祖国统一

在民族复兴的新征程上,中国共产党和中国政府统筹中华民族伟大复兴战略全局和世界百年未有之大变局,深入贯彻新时代中国共产党解决台湾问题的总体方略和对台大政方针,扎实推动两岸关系和平发展、融合发展,坚定推进祖国统一进程。

(一)坚持"和平统一、一国两制"基本方针

以和平方式实现祖国统一,最符合包括台湾同胞在内的中华民族整体利益,最有利于中国的长期稳定发展,是中国共产党和中国政府解决台湾问题的第一选择。尽管几十年来遇到困难和阻力,但我们仍然坚持不懈地争取和平统一,这体现了我们对民族大义、同胞福祉与两岸和平的珍视和维护。

"一国两制"是中国共产党和中国政府为实现和平统

一作出的重要制度安排,是中国特色社会主义的一个伟大创举。"和平统一、一国两制"是我们解决台湾问题的基本方针,也是实现国家统一的最佳方式,体现了海纳百川、有容乃大的中华智慧,既充分考虑台湾现实情况,又有利于统一后台湾长治久安。我们主张,和平统一后,台湾可以实行不同于祖国大陆的社会制度,依法实行高度自治,两种社会制度长期共存、共同发展。"一国"是实行"两制"的前提和基础,"两制"从属和派生于"一国"并统一于"一国"之内。我们将继续团结台湾同胞,积极探索"两制"台湾方案,丰富和平统一实践。"一国两制"在台湾的具体实现形式会充分考虑台湾现实情况,会充分吸收两岸各界意见和建议,会充分照顾到台湾同胞利益和感情。

"一国两制"提出以来,台湾一些政治势力曲解误导,民进党及其当局不遗余力地造谣抹黑,造成部分台湾同胞的偏颇认知。事实是,香港、澳门回归祖国后,重新纳入国家治理体系,走上了同祖国内地优势互补、共同发展的宽广道路,"一国两制"实践取得举世公认的成功。同时,一个时期内,受各种内外复杂因素影响,"反中乱港"活动猖獗,香港局势一度出现严峻局面。中国共产党和中国政府审时度势,采取一系列标本兼治的举措,坚持和完善"一国两制"制度体系,推动香港局势实现由乱到治的重大转折,进入由治及兴的新阶段,为推进依法治港治澳、促进"一国两制"实践行稳致远打下了坚实基础。

实现两岸和平统一,必须面对大陆和台湾社会制度与意识形态不同这一基本问题。"一国两制"正是为解决这个问题而提出的最具包容性的方案。这是一个和平的方案、民主的方案、善意的方案、共赢的方案。两岸制度不同,不是统一的障碍,更不是分裂的借口。我们相信,随着时间的推移,"一国两制"将被广大台湾同胞重新认识;在两岸同胞共同致力实现和平统一的过程中,"两制"台湾方案的空间和内涵将得到充分展现。

和平统一,是平等协商、共议统一。两岸长期存在的政治分歧问题是影响两岸关系行稳致远的总根子,总不能一代一代传下去。两岸协商谈判可以有步骤、分阶段进行,方式可灵活多样。我们愿意在一个中国原则和"九二共识"的基础上,同台湾各党派、团体和人士就解决两岸政治分歧问题开展对话沟通,广泛交换意见。我们也愿意继续推动由两岸各政党、各界别推举的代表性人士开展民主协商,共商推动两岸关系和平发展、融合发展和祖国和平统一的大计。

（二）努力推动两岸关系和平发展、融合发展

两岸关系和平发展、融合发展是通向和平统一的重要途径，是造福两岸同胞的康庄大道，需要凝聚两岸同胞力量共同推进。我们要在两岸关系和平发展进程中深化两岸融合发展，密切两岸交流合作，拉紧两岸情感纽带和利益联结，增强两岸同胞对中华文化和中华民族的认同，铸牢两岸命运共同体意识，厚植祖国和平统一的基础。

突出以通促融、以惠促融、以情促融，勇于探索海峡两岸融合发展新路，率先在福建建设海峡两岸融合发展示范区。持续推进两岸应通尽通，不断提升两岸经贸合作畅通、基础设施联通、能源资源互通、行业标准共通。推动两岸文化教育、医疗卫生合作，社会保障和公共资源共享，支持两岸邻近或条件相当地区基本公共服务均等化、普惠化、便捷化。积极推进两岸经济合作制度化，打造两岸共同市场，壮大中华民族经济。

完善保障台湾同胞福祉和在大陆享受同等待遇的制度和政策，依法维护台湾同胞正当权益。支持台胞台企参与"一带一路"建设、国家区域重大战略和区域协调发展战略，融入新发展格局，参与高质量发展，让台湾同胞分享更

多发展机遇,参与国家经济社会发展进程。

排除干扰、克服障碍,不断扩大两岸各领域交流合作。推动两岸同胞共同传承和创新发展中华优秀传统文化,加强两岸基层民众和青少年交流,吸引更多台胞特别是台湾青年来大陆学习、创业、就业、生活,使两岸同胞加深相互理解,增进互信认同,逐步实现心灵契合。

(三)坚决粉碎"台独"分裂和外来干涉图谋

搞"台独"分裂只会将台湾推入灾难深渊,给台湾同胞带来深重祸害。维护包括台湾同胞在内的中华民族整体利益,必须坚决反对"台独"分裂、促进祖国和平统一。我们愿意为和平统一创造广阔空间,但绝不为各种形式的"台独"分裂活动留下任何空间。中国人的事要由中国人来决定。台湾问题是中国的内政,事关中国核心利益和中国人民民族感情,不容任何外来干涉。任何利用台湾问题干涉中国内政、阻挠中国统一进程的图谋和行径,都将遭到包括台湾同胞在内的全体中国人民的坚决反对。任何人都不要低估中国人民捍卫国家主权和领土完整的坚强决心、坚定意志、强大能力。

我们愿继续以最大诚意、尽最大努力争取和平统一。

我们不承诺放弃使用武力，保留采取一切必要措施的选项，针对的是外部势力干涉和极少数"台独"分裂分子及其分裂活动，绝非针对台湾同胞，非和平方式将是不得已情况下做出的最后选择。如果"台独"分裂势力或外部干涉势力挑衅逼迫，甚至突破红线，我们将不得不采取断然措施。始终坚持做好以非和平方式及其他必要措施应对外部势力干涉和"台独"重大事变的充分准备，目的是从根本上维护祖国和平统一的前景、推进祖国和平统一的进程。

当前，美国一些势力图谋"以台制华"，处心积虑打"台湾牌"，刺激"台独"分裂势力冒险挑衅，不仅严重危害台海和平稳定，妨碍中国政府争取和平统一的努力，也严重影响中美关系健康稳定发展。如果任其发展下去，必将导致台海形势紧张持续升级，给中美关系造成颠覆性的巨大风险，并严重损害美国自身利益。美国应该恪守一个中国原则，慎重妥善处理涉台问题，停止说一套做一套，以实际行动履行不支持"台独"的承诺。

（四）团结台湾同胞共谋民族复兴和国家统一

国家统一是中华民族走向伟大复兴的历史必然。台湾前途在于国家统一，台湾同胞福祉系于民族复兴。实现中华民族伟大复兴,与两岸同胞前途命运息息相关。民族强盛,是两岸同胞之福;民族弱乱,是两岸同胞之祸。民族复兴、国家强盛,两岸同胞才能过上富足美好的生活。实现中华民族伟大复兴需要两岸同胞共同奋斗,实现祖国完全统一同样需要两岸同胞携手努力。

由于受到"台独"思想毒害,也由于两岸政治分歧问题尚未得到解决,一些台湾同胞对两岸关系性质和国家认同问题认识出现偏差,对祖国统一心存疑惧。台湾同胞是我们的骨肉天亲,两岸同胞是血浓于水的一家人。我们愿意保持足够的耐心和包容心,创造条件加强两岸交流交往,不断加深广大台湾同胞对祖国大陆的了解,逐步减少他们的误解和疑虑,进而走出受"台独"煽惑的历史误区。

我们将团结广大台湾同胞共创祖国统一、民族复兴的光荣伟业。希望广大台湾同胞坚定站在历史正确的一边,做堂堂正正的中国人,认真思考台湾在民族复兴中的地位和作用,深明大义、奉义而行,坚决反对"台独"分裂和外部势力干涉,积极参与到推进祖国和平统一的正义事业中来。

五、实现祖国和平统一的光明前景

按照"一国两制"实现两岸和平统一,将给中国发展进步和中华民族伟大复兴奠定新的基础,将给台湾经济社会发展创造巨大机遇,将给广大台湾同胞带来实实在在的好处。

(一)台湾发展空间将更为广阔

台湾经济发展水平较高,产业特色明显,对外贸易发达,两岸经济互补性强。统一后,两岸经济合作机制、制度更加完善,台湾经济将以大陆市场为广阔腹地,发展空间更大,竞争力更强,产业链供应链更加稳定通畅,创新活力更加生机勃勃。长期困扰台湾经济发展和民生改善的众多难题,可以在两岸融合发展、应通尽通中得到解决。台湾财政收入尽可用于改善民生,多为老百姓做实事、办好事、解难事。

台湾的文化创造力将得到充分发扬,两岸同胞共同传承中华文化、弘扬民族精神,台湾地域文化在中华文化根脉的滋养中更加枝繁叶茂、焕发光彩。

(二)台湾同胞切身利益将得到充分保障

在确保国家主权、安全、发展利益的前提下,台湾可以作为特别行政区实行高度自治。台湾同胞的社会制度和生活方式等将得到充分尊重,台湾同胞的私人财产、宗教信仰、合法权益将得到充分保障。所有拥护祖国统一、民族复兴的台湾同胞将在台湾真正当家作主,参与祖国建设,尽享发展红利。有强大祖国做依靠,台湾同胞在国际上腰杆会更硬、底气会更足,更加安全、更有尊严。

(三)两岸同胞共享民族复兴的伟大荣光

台湾同胞崇敬祖先、爱土爱乡、勤劳勇敢、自强不息,具有光荣的爱国主义传统。两岸同胞发挥聪明才智,携手共创美好未来潜力巨大。统一后,两岸同胞可以弥合因长期没有统一而造成的隔阂,增进一家人的同胞亲情,更加紧密地团结起来;可以发挥各自优势,实现互利互补,携手共谋发展;可以共同促进中华民族的繁荣昌盛,让中华民族以更加昂扬的姿态屹立于世界民族之林。

两岸同胞血脉相连、命运与共。统一后,中国的国际影响力、感召力、塑造力将进一步增强,中华民族的自尊心、自信心、自豪感将进一步提升。台湾同胞将同大陆同胞一道,共享一个伟大国家的尊严和荣耀,以做堂堂正正的中国人而骄傲和自豪。两岸同胞共同探索实施"两制"台湾方案,共同发展完善"一国两制"制度体系,确保台湾长治久安。

(四)有利于亚太地区及全世界和平与发展

实现两岸和平统一,不仅是中华民族和中国人民之福,也是国际社会和世界人民之福。中国的统一,不会损害任何国家的正当利益包括其在台湾的经济利益,只会给各国带来更多发展机遇,只会给亚太地区和世界繁荣稳定注入更多正能量,只会为构建人类命运共同体、为世界和平发展和人类进步事业作出更大贡献。

统一后,有关国家可以继续同台湾发展经济、文化关系。经中国中央政府批准,外国可以在台湾设立领事机构或其他官方、半官方机构,国际组织和机构可以在台湾设立办事机构,有关国际公约可以在台湾适用,有关国际会议可以在台湾举办。

结 束 语

具有五千多年文明史的中华民族创造了震古烁今的灿烂文化,对人类社会发展进步作出了重大贡献。在经历了近代以来从屈辱走向奋起、从落伍走向崛起的百年沧桑之后,中华民族迎来了大发展大作为的时代,迈出了走向伟大复兴的铿锵步伐。

在新时代新征程上,中国共产党和中国政府将继续团结带领两岸同胞顺应历史大势,勇担时代责任,把前途命运牢牢掌握在自己手中,为实现祖国完全统一和中华民族伟大复兴而努力奋斗。

前进道路不可能一马平川,但只要包括两岸同胞在内的所有中华儿女同心同德、团结奋斗,就一定能够粉碎任何形式的"台独"分裂和外来干涉图谋,就一定能够汇聚起促进祖国统一和民族复兴的磅礴伟力。祖国完全统一的历史任务一定要实现,也一定能够实现!

责任编辑：刘敬文

图书在版编目（CIP）数据

台湾问题与新时代中国统一事业/中华人民共和国国务院台湾事务办公室，中华人民共和国国务院新闻办公室 著.—北京：人民出版社,2022.8
ISBN 978-7-01-024976-6

Ⅰ.①台… Ⅱ.①中…②中… Ⅲ.①台湾问题-白皮书②国家统一-白皮书-中国 Ⅳ.①D618

中国版本图书馆 CIP 数据核字（2022）第 140764 号

台湾问题与新时代中国统一事业
TAIWAN WENTI YU XINSHIDAI ZHONGGUO TONGYI SHIYE

（2022 年 8 月）

中华人民共和国 国务院台湾事务办公室
　　　　　　　　 国务院新闻办公室

人民出版社出版发行
（100706 北京市东城区隆福寺街 99 号）

中煤（北京）印务有限公司印刷　新华书店经销
2022 年 8 月第 1 版　2022 年 8 月北京第 1 次印刷
开本：787 毫米×1092 毫米 1/16　印张：2.5
字数：18 千字

ISBN 978-7-01-024976-6　定价：16.00 元

邮购地址 100706　北京市东城区隆福寺街 99 号
人民东方图书销售中心　电话 （010）65250042　65289539

版权所有·侵权必究
凡购买本社图书，如有印制质量问题，我社负责调换。
服务电话：（010）65250042